Inhalt

Branchenreport MEDIZIN & PHARMA Ausgabe 1/2013

Kernthesen

Beitrag

Zahlen und Fakten

Weiterführende Literatur

Impressum

GENIOS BranchenWissen Nr. 05 vom 07.05.2013

Branchenreport MEDIZIN & PHARMA Ausgabe 1/2013

Anja Schneider

Kernthesen

- Die deutsche Pharmaindustrie ist mittelständisch strukturiert, die größten Hersteller sind Bayer, Boehringer Ingelheim und Merck KGaA, keiner ist international in den Top Ten.
- Generika: Die indische Rechtsprechung gibt den Weg für günstige Nachahmerprodukte in dem Schwellenland frei.
- Biotech: Die deutschen Biotech-Unternehmen brachten 2012 kein neues Produkt auf den Markt.
- Pharmahandel: Die Margen stehen unter Druck, Noweda jagt Phoenix.

- Kliniken: Die Finanzlage der öffentlichen Häuser wird schlechter.

Beitrag

Die deutsche Pharmabranche

Die deutsche Pharmaindustrie ist mittelständisch geprägt. Gemäß der jährlich erscheinenden Pharma-Daten des Bundesverbands der Pharmazeutischen Industrie e.V. (BPI) gibt es 899 pharmazeutische Unternehmen. Die Industrie beschäftigt über 105 000 Mitarbeiter. Die Pharmaunternehmen stellen Produkte im Wert von rund 27 Milliarden Euro her und investieren rund vier Milliarden Euro in die Forschung und Entwicklung. Deutschland ist der fünftgrößte Hersteller von Arzneimitteln hinter den USA, Japan, Frankreich und Großbritannien.

Der Verband der forschenden Pharma-Unternehmen (VFA) erwartet für seine 45 Mitgliedsunternehmen für das laufende Jahr 2013 einen Umsatzzuwachs von 3,1 Prozent auf knapp über 40 Milliarden Euro. Die Branche erwartet stagnierende Umsätze im Inland und setzt weiterhin auf das Exportgeschäft; 22,8 Milliarden Euro soll es 2013 umfassen, das wäre ein Plus von 3,5 Prozent. (1), (2), (3), (4), [Abb. 1]

Die deutschen Pharmaunternehmen spielen international nur in der Zweiten Liga. Auf der Weltrangliste der Pharmakonzerne belegen sie erst Plätze hinter den Top 10. Branchenführer in Deutschland ist Bayer. Bayer HealthCare beschäftigt weltweit 55 300 Mitarbeiter und erzielte 2012 einen Umsatz von 18,6 Milliarden Euro (plus 4,2 Prozent). Trotz Sammelklagen gegen Yaz und Yazmin in den USA und drohendem Verkaufsverbot für Diane 35 in Frankreich will Bayer das Geschäft mit Verhütungsmitteln weiter ausbauen. So plant das Unternehmen, den amerikanischen Anbieter Conceptus Inc. zu übernehmen und so dessen so genanntes Essure-Verfahren zur dauerhaften hormonfreien Empfängnisverhütung in sein Portfolio zu bringen. (5), (6)

Auf dem zweiten Platz liegt Boehringer Ingelheim mit weltweit zuletzt 14,7 Milliarden Euro Umsatz (plus 12 Prozent) und über 46 000 Mitarbeitern (Deutschland: Umsatz 1,3 Milliarden Euro, Mitarbeiter 12 500). Das Familienunternehmen nahm 2012 einen Gewinnrückgang hin, verstärkte seine Forschungs- und Entwicklungstätigkeit und sieht sich in seiner Produktpipeline gut gerüstet für zukünftiges Wachstum, allen voran mit dem Blutverdünner Pradaxa (mit 1,1 Milliarden Euro Umsatz 2012 drittstärkstes Produkt mit 76 Prozent Umsatzwachstum). (7)

Auf dem dritten Platz liegt Merck KGaA, dessen Pharmasparte Merck Serono rund 6,4 Milliarden Euro Umsatz erzielt. Seit 2011 arbeitet Merck daran, den Konzern effizienter zu gestalten und baut Stellen ab. Im vergangenen Jahr wuchs das Pharmageschäft von Merck Serono dank kräftiger Preiserhöhungen beim Spitzenprodukt Rebif, einem Medikament gegen Multiple Sklerose. Doch die Medikamentenpipeline ist nach mehreren Rückschlägen nahezu leer. In der Pharmaforschung steht der Branchendritte deutlich schlechter da als seine Wettbewerber Bayer und Boehringer. (8)

Die internationale Pharmabranche

Die weltweit größten Pharmakonzerne verbuchen derzeit Rückgänge bei Umsatz und Gewinn. Einer Untersuchung der Wirtschaftsprüfungsgesellschaft Ernst & Young zufolge sei 2012 der Gesamtumsatz der 20 größten Pharmaunternehmen um ein Prozent zurückgegangen, der Gewinn sogar um drei Prozent. Die Gründe liegen unter anderem in Sparmaßnahmen der staatlichen Gesundheitssysteme, strengeren Zulassungsanforderungen der zuständigen Behörden für neue Arzneimittel, im Preisverfall infolge von Rabattverträgen und dem Siegeszug günstigerer Generikaprodukte, einer stagnierenden Nachfrage in den angestammten Märkten, dem Patentablauf bei bisherigen Umsatzträgern sowie mangelndem Nachschub an umsatzstarken Medikamenten, die die bisherigen Blockbuster ersetzen.

Was tun? Die Unternehmen senken Kosten, bauen ihre Organisationen um und Arbeitsplätze ab, weiten ihre FuE-Anstrengungen aus, um neue Arzneimittel auf den Markt zu bringen, forschen in lohnenden Bereichen wie Onkologie, hoffen auf einen therapeutischen Durchbruch, kooperieren mit staatlichen Forschungseinrichtungen, Universitäten, ausländischen Forschern und sogar mit Wettbewerbern. Sie kaufen auch vielversprechende Biotechunternehmen zu und ergänzen ihr Portfolio durch andere Bereiche, z.B. Tiermedizin, Diagnostik, Selbstmedikation, Generika, Biosimilars, Ernährung, Wellness. (9)

Laut Marktforschungsinstitut IMS Health gab es an der Spitze des internationalen Pharmageschäfts jetzt einen Wechsel: Die Führung übernahm 2012 der Schweizer Pharmakonzern Novartis, der langjährige Branchenerste Pfizer (USA) muss auf Rang zwei weichen. Auf dem dritten Platz liegt unverändert der amerikanische Wettbewerber Merck & Co. Zu den weiteren internationalen Schwergewichten bei den forschenden Arzneimittelherstellern gehören Roche (Schweiz) und Astra-Zeneca (Großbritannien). (10)

Wichtige Segmente der Pharmaindustrie im Einzelnen

Generika - Indien gegen Novartis et al.

Der Ablauf der Patentschutzfrist für neue Medikamentenwirkstoffe, die in der Regel etwa 15 Jahre ab Zulassung beträgt, können sowohl Originalarzneimittel als auch Nachahmerprodukte anderer Hersteller (Generika) zugelassen werden. Oft verlieren die Originalprodukte dann innerhalb weniger Monate fast ihren gesamten Marktanteil an die billigeren Generika. Vor allem die wachstumsstarken Schwellenländer mit hohen Bevölkerungszahlen und großem medizinischen Nachholbedarf sind begehrte Märkte - und umkämpft. In der Generikabranche sorgt insbesondere Indien immer wieder für Aufmerksamkeit. Zum einen haben sich die indischen Generikahersteller Ranbaxy und Dr. Reddys im internationalen Ranking bereits in die Top 10 hochgearbeitet. Zum anderen sorgt die indische Rechtsprechung dafür, dass die forschenden Arzneimittelhersteller Patentschutz verlieren und so den günstigen Nachahmerprodukten der Generikahersteller die Tore zum Markt geöffnet werden. Zuletzt hatte Indiens Oberster Gerichtshof dem Schweizer Pharmakonzern Novartis den

Patentschutz für sein Krebsmittel Glivec versagt. Einerseits ist der Groll der forschenden Pharmakonzerne verständlich, wenn man bedenkt, dass sie drei bis fünf Milliarden Euro in die Entwicklung eines neuen Arzneimittels investieren und daher einen Schutz ihres geistigen Eigentums fordern. Andererseits erscheint es richtig, gerade den Menschen in den ärmeren Ländern den Zugang zu guter und günstiger Medizin zu verschaffen und generell Scheininnovationen - Präparate, die nur wegen einer geringfügigen Änderung neuen Patentschutz erhalten - abzublocken. (11)

In Deutschland greift weiterhin das Kostendämpfungsinstrument der Rabattverträge. Im Generika-Markt lag 2012 die Umsetzungsrate von Rabattverträgen bereits bei 64 Prozent (das bedeutet, dass für fast zwei von drei Medikamenten ohne Patentschutz ein Rabattvertrag bestand). Bei patentgeschützten Präparaten spielen Rabattverträge eine geringe, aber wachsende Rolle; für 19 Prozent der 2012 abgegebenen Arzneimittel unter Patentschutz gab es einen Rabattvertrag. (12)

Globaler Marktführer im Generikageschäft ist der israelische Pharmakonzern Teva (18,3 Milliarden Euro Umsatz 2011), zu dem seit 2010 auch die deutsche Ratiopharm gehört. Auf Rang zwei liegt die Schweizer Novartis mit der deutschen Tochter Sandoz (und auch Hexal). Der Schweizer Generikahersteller

Actavis fusionierte vor gut einem Jahr mit der amerikanischen Watson und schob sich damit von Rang sechs auf drei. Vor kurzem machten Nachrichten einer möglichen Fusion des kanadischen Pharmakonzerns Valeant und des Generikanbieters Actavis die Runde - Ausgang ungewiss. Auf den Plätzen vier und fünf liegen die amerikanischen Wettbewerber Mylan und Hospira, auf Rang sechs die französische Zentiva (gehört zu Sanofi). Auf Rang sieben liegt der letzte unabhängige namhafte deutsche Generikaanbieter Stada (Bad Vilbel, zuletzt 1,8 Milliarden Euro Umsatz); die Auslandsgeschäfte (Osteuropa) laufen sehr gut, die Übernahmegerüchte sind nicht verstummt. (13), (14), (15), [Abb. 2]

Biotechnologie - Flaute in Deutschland, Garant für Innovationen weltweit

Für die deutsche Biotechnologiebranche war 2012 kein gutes Jahr. Die Szene wird immer kleiner. 403 Unternehmen (minus ein Prozent) zählte der im April 2013 veröffentlichte Deutsche Biotechnologie-Report 2013 der Wirtschaftsprüfungsgesellschaft Ernst & Young (E&Y). Sie beschäftigen rund 10 000 Mitarbeiter. Der Umsatz kletterte zwar um vier Prozent auf 1,13 Milliarden Euro, doch die Verluste stiegen um 17 Prozent auf ein Minus von 490 Millionen Euro. Zwar flossen der Branche mehr Geldmittel zu als im Vorjahr, doch die Ausgaben für Forschung und Entwicklung und die Zahl der

Projekte in der späten klinischen Forschungsphase gingen zurück. Ein marktfähiges Produkt ist nicht in Sicht: Kein deutsches Biotech-Start-up hat derzeit einen Wirkstoff im Zulassungsverfahren. Ernst & Young rät der Branche, sich weniger auf Medikamente, sondern stärker auf die Technologieentwicklung zu konzentrieren. Vorgemacht haben es die börsennotierten Anbieter Qiagen und Morphosys, die als erfolgreichste Unternehmen in der deutschen Biotech-Szene gelten. Beide entwickeln keine Präparate als Basis für neue Medikamente, sondern sind als Technologielieferant bzw. Zulieferer von Forschungsleistungen tätig. Qiagen ist in der Labortechnologie erfolgreich, MorphoSys hat sich auf die Entwicklung menschlicher Antikörper spezialisiert, um Medikamente zur Behandlung von Krebs, Rheuma oder Multiple Sklerose zu entwickeln. (16), (17)

Weltweit betrachtet läuft es sehr viel besser in der Biotechnologie. Hier sorgen die Biotechnologieunternehmen für Innovationen. 2012 wurden durch die US-Gesundheitsbehörde Food and Drug Administration (FDA) 39 neue Biotech-Medikamente genehmigt - so viel, wie seit 1997 nicht mehr; 6,7 Milliarden Euro Umsatz könnten sie bringen. Schon 2017 sollen sieben der zehn weltweit am häufigsten eingesetzten Medikamente Biologics sein. Momentan machen Biopharmazeutika knapp ein Drittel der Präparate aus, die sich in den Pipelines der Arzneimittelhersteller befinden. Als weltgrößtes Biotech-Unternehmen gilt die amerikanische Amgen mit einem Umsatz von zuletzt rund 13 Milliarden Euro. Auch die biotechnologisch hergestellten Medikamente werden nachgeahmt, sie heißen Biosimilars. Sowohl die Hersteller von Generika als auch die großen forschenden Arzneimittelhersteller und sogar die großen amerikanischen Biotech-Konzerne selbst investieren und stellen die strategischen Weichen für dieses kommende Geschäft. (18)

Pharmahandel - Phoenix und Noweda kämpfen um Marktanteile

Deutschlands Bürger werden gut mit Arzneimitteln versorgt, auch wenn 2012 weitere 501 Apotheken vom Markt verschwunden sind. Damit gibt es aktuell noch 20 921 Apotheken in Deutschland. Sie schaffen 148 714 Arbeitsplätze. 2012 verzeichneten 43 Prozent der Apotheken einen Erlösrückgang. Mit 42,6 Milliarden Euro ist der Gesamtumsatz im Jahr 2012 leicht angestiegen (davon 80 Prozent rezeptpflichtige Medikamente, 10,6 Prozent rezeptfreie Arzneimittel, 9,4 Prozent Ergänzungssortiment und Krankenpflege). (19)

Wenn eine Apotheke ein Medikament nicht vorrätig hat, bestellt sie es beim Großhandel, der innerhalb weniger Stunden liefert. Insgesamt steht der mehrstufige Vertriebsprozess vom Pharmahersteller über Großhändler hin zu den Apotheken gewaltig unter Druck, wofür einerseits die Kosten für Transport- und Logistikangebote, andererseits der Rabattwettbewerb untereinander verantwortlich sind. Der Gesamtumsatz des Pharmagroßhandels liegt bei 25 Milliarden Euro. Der Margendruck verstärkt sich.

Der größte deutsche Pharmahändler ist Phoenix; er gehört dem Unternehmer Merckle, hat in Deutschland einen Marktanteil von 27 Prozent und liegt mit 22 Milliarden Euro Gesamtumsatz europaweit auf dem zweiten Platz. Derzeit jagt die Apothekengenossenschaft Noweda dem Branchenersten kräftig Marktanteile ab und verbucht mittlerweile 18 Prozent des Marktes auf sich. Die Mitbewerber sind Celesio (mit Tochter Gehe), Anzag (gehört zu Alliance Boots) und Sanacorp (eine Apothekeneinkaufsgenossenschaft). Europäischer Marktführer im Pharmagroßhandel ist der britische Apothekenbetreiber Alliance Boots. [20], [21]

Klinikmarkt - Kampf um Branchenzweiten Rhön geht in die nächste Runde

Der deutsche Klinikmarkt ist mit einem Umsatzvolumen von rund 83 Milliarden Euro und 1,1 Millionen Beschäftigten einer der größten deutschen Dienstleistungssektoren. Die Zahl der Krankenhäuser ist rückläufig; 1990 waren es 2 447, mittlerweile gibt es noch 2 045 Krankenhäuser mit 502 000 Betten (Stand 2011, Angaben der Deutschen Krankenhausgesellschaft). Zusammen versorgen sie achtzehn Millionen stationäre Patienten und 18 Millionen ambulante Behandlungsfälle pro Jahr. Mit 60 Milliarden Euro im Jahr 2011 bilden die Krankenhäuser den größten Block bei den Ausgaben der Gesetzlichen Krankenkassen (über 35 Prozent); bei den Privaten Krankenkassen sind es 6,7 Milliarden Euro (26 Prozent). [22]

30,4 Prozent der Kliniken tragen Länder und Kommunen, 36,5 Prozent sind in der Hand von freigemeinnützigen Trägern und 33,2 Prozent gehören privaten Betreibern. Die Finanzlage der öffentlichen Krankenhäuser verschlechtert sich. In diesem Jahr wird jedes zweite Krankenhaus in Deutschland rote Zahlen schreiben, befürchtet die Deutsche Krankenhausgesellschaft (DKG). 2011 war es noch jedes dritte. Vor allem kleine Krankenhäuser in ländlichen Regionen gelten als insolvenzgefährdet, die Sanierung oft problematisch. Der Marktanteil der privat betriebenen Kliniken steigt, mit weiteren Privatisierungen auf mittlere bis lange Sicht ist zu rechnen.

Top Anbieter: In Deutschland stehen im Wesentlichen vier private Klinikkonzerne im Wettbewerb: die Fresenius Helios Kliniken GmbH (Berlin, zuletzt 2,9 Milliarden Euro Umsatz), das Rhön-Klinikum AG (Bad Neustadt, zuletzt 2,9 Milliarden Euro Umsatz), die Asklepios Kliniken GmbH (Hamburg, zuletzt rund 3 Milliarden Euro Umsatz inklusive MediClin AG) und die Sana Kliniken AG (München, zuletzt 1,8 Milliarden Euro Umsatz). Die Übernahmescharmützel der Privaten untereinander halten an. Im Sommer 2012 brachte ein Einschreiten von Asklepios die geplante Übernahme von Rhön durch Fresenius-Helios zum Scheitern. Um auch künftig einen ungewollten Verkauf von Rhön verhindern zu können, will Asklepios seinen Anteil an Rhön auf eine Sperrminorität von mehr als zehn Prozent aufstocken. Das Bundeskartellamt gab grünes Licht, die Kontrahenten Rhön und sein Großaktionär Fresenius haben prompt Beschwerde bei Gericht eingereicht. Rhön meldete zuletzt Rückgänge bei Betriebsergebnis und Gewinn, will den Konzern jetzt umbauen, sparen und profitabler werden. (23), (24), (25), (26)

Weitere Wirtschaftsräume: Wachstum in Asien und Lateinamerika

Der Weltmarkt für Arzneimittel erreichte 2011 ein Volumen von rund 955 Milliarden US-Dollar (zum Vergleich: 1981 waren es rund 70 Milliarden Dollar). Der größte Pharmamarkt sind die USA mit einem Weltmarktanteil von 36 Prozent. [Abb. 3] Es folgen Europa und Japan. Die Arzneimittelausgaben der Industrienationen stagnieren oder wachsen nur leicht (unter 3 Prozent). Die wachstumsstärksten Märkte (13 bis 18 Prozent) liegen in Lateinamerika, Osteuropa, Indien und China. (27), (28)

Trends

Patentklippe: Der Auslauf der Patente ist in vollem Gange und erreicht seinen Höhepunkt. Seit Ende 2011 haben acht der weltweit umsatzstärksten Arzneimittel ihren Patentschutz verloren. Bis 2015 laufen Patente für mehr als 40 Prozent des weltweiten Pharmaumsatzes aus. (9)

Forschung: Die forschenden Arzneimittelhersteller konzentrieren sich besonders auf die Krankheiten, von denen eine alternde Bevölkerung stark betroffen ist, beispielsweise Krebs, Herz-Kreislauf-Erkrankungen, Diabetes und Alzheimer. Schätzungen gehen davon aus, dass allein für Krebsmedikamente bis 2015 weltweit circa 75 bis 80 Milliarden US-Dollar ausgegeben werden. Gesucht werden Medikamente zur Behandlung von Autoimmunkrankheiten, seltenen Krankheiten sowie neue Antibiotika. Das Wissenschaftsinteresse gilt auch der Personalisierten Medizin, die die Therapie zielgerichtet auf den einzelnen Patienten abstimmen soll. (9), (27)

Zahlen & Fakten

Abbildung 1: Branchenindikatoren

Pharma & Medizin

Pharmaumsatz weltweit	955 Mrd. US-Dollar
Pharmaproduktion Deutschland	27 Mrd. Euro (VFA-Angabe)
Umsatz VFA-Mitglieder	40 Mrd. Euro (VFA-Angabe)
Biotech-Umsatz Deutschland	1,13 Mrd. Euro (E&Y-Angabe für 2012)
Anzahl Unternehmen	899
Anzahl Biotech-Unternehmen	403 (E&Y-Angabe)
Beschäftigte	105.000
Export VFA-Mitglieder	22,8 Mrd. Euro (Prognose VFA 2013)
FuE	rund 4 Milliarden Euro (VFA)
Top Anbieter Pharma weltweit	Novartis, Pfizer, Merck & Co., Roche, AstraZeneca
Top Anbieter Pharma Deutschland	Bayer, Boehringer Ingelheim, Merck KGaA
Top Anbieter Generika weltweit	Teva (inkl. Ratiopharm), Novartis (inkl. Sandoz/Hexal), Actavis, Mylan, Hospira
Top Anbieter Generika Deutschland	Sandoz/Hexal (gehört zu Novartis), Ratiopharm (zu Teva), Stada (unabhängig)
Anzahl Apotheken	20.921 stationäre Apotheken
Umsatz Apotheken	42,6 Mrd. Euro
Top Pharma Großhändler	Phoenix, Noweda, Celesio, Anzag, Sanacorp
Anzahl Krankenhäuser	circa 2.045

Umsatz Krankenhäuser   circa 83 Milliarden Euro

Top private Klinikbetreiber   Fresenius Helios, Rhön, Asklepios, Sana

Quelle: VFA, IMS, Unternehmensangaben
Entnommen aus: GBI-Genios eigene Erstellung

Abbildung 2: Top 10 Unternehmen im Generikamarkt nach Umsatz 2011

Rang	Unternehmen	Land	Umsatz 2011 in Milliarden Dollar
1	Teva	Israel	18,3
2	Sandoz	Schweiz	9,5
3	Watson, Actavis *	USA, Island	7,1
4	Mylan	USA	6,1
5	Hospira	USA	3,1
6	Zentiva (Sanofi)	Frankreich	2,4
7	STADA Arzneimittel Aktiengesellschaft	Deutschland	2,4
8	Ranbaxy	Indien	2,1
9	Dr. Reddys	Indien	1,2
10	Apotex	Kanada	1

* Gemeinsamer Umsatz, Übernahme von Actavis

durch Watson im April 2012
Quelle: Unternehmen Entnommen aus:
Wirtschaftswoche, 49/2012, S. 66 (14)

Abbildung 3: USA sind weltgrößter Pharmamarkt

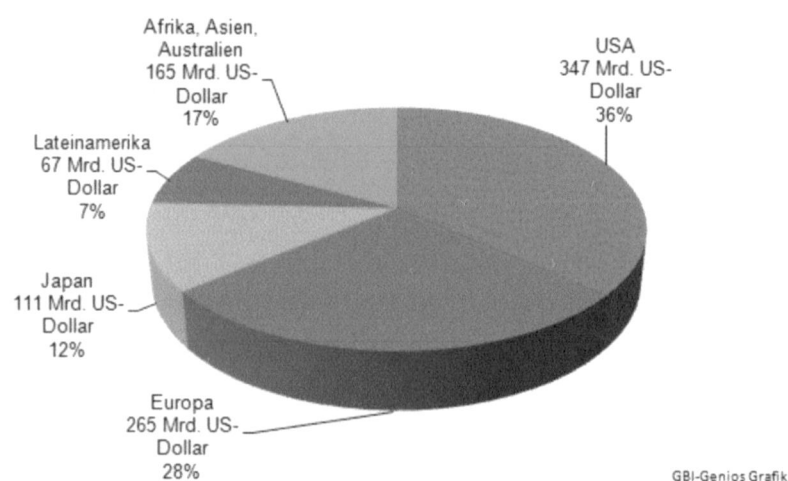

Quelle: IMS Health, vfa Entnommen aus: vfa, Der
Arzneimittelmarkt weltweit (29)

Weiterführende Literatur

(1) Pharma-Daten 2012
aus Handelsblatt Nr. 085 vom 03.05.2013 Seite 003

(2) Deutsche Pharmaforschung wirkt
aus - CHEManager vom 18.04.2013/2013, Seite 1

(3) Pharmabranche setzt auf Export
aus - CHEManager vom 24.01.2013, Heft 1-02/2013, Seite 6

(4) Forschende Pharmaindustrie: 2013 bleiben die Erwartungen gedämpft
aus Ärzte Zeitung Nr. 7 vom 15.01.2013, Seite 16

(5) Bayer AG: Klagewelle schmälert den Gewinn
aus Deutsches Ärzteblatt 13/110 vom 29.03.13 Seite 628

(6) Bayer stärkt das Geschäft mit Verhütungsmitteln
aus Frankfurter Allgemeine Zeitung, 30.04.2013, Nr. 100, S. 12

(7) Boehringer: Innovationsquote soll bis 2017 drastisch steigen
aus Ärzte Zeitung Nr. 77 vom 25.04.2013, Seite 11

(8) Merck ächzt unter Altlasten
aus Handelsblatt Nr. 080 vom 25.04.2013 Seite 020

(9) Arzneimittelforschung: Eine Industrie orientiert sich neu
aus Deutsches Ärzteblatt 17/110 vom 26.04.13 Seite 820

(10) Wachablösung an der Pharma-Spitze
aus Ärzte Zeitung Nr. 69 vom 15.04.2013, Seite 12

(11) Novartis verliert Patentstreit in Indien
aus - CHEManager vom 18.04.2013/2013, Seite 3

(12) Zwei Drittel der Generika sind inzwischen Rabattmedikamente
aus Ärzte Zeitung Nr. 64 vom 08.04.2013, Seite 4

(13) Pharma-Milliardenfusion von Actavis und Valeant wackelt
aus APA-JOURNAL Gesundheit vom 28.04.2013

(14) International: Top 10 Unternehmen im Generikamarkt 2011
aus Wirtschaftswoche, 49/2012, S. 66

(15) Stada: Auf dem Weg zurück zu alter Stärke
aus Ärzte Zeitung Nr. 55 vom 22.03.2013, Seite 15

(16) Biotech 2013: Ernüchternde Bilanz
aus Ärzte Zeitung Nr. 72 vom 18.04.2013, Seite 13

(17) "40 Jahre bis zur Reife"
aus Welt am Sonntag, 14.04.2013, Nr. 15, S. 52

(18) Biotechnologie: Eine Branche wird erwachsen
aus Deutsches Ärzteblatt 8/110 vom 22.02.13 Seite [18]

(19) Licht am Ende des AMNOG-Tunnels
aus PZ Pharmazeutische Zeitung vom 25.04.2013 Seite 22

(20) Rabattschlacht im Pharmahandel
aus Handelsblatt Nr. 056 vom 20.03.2013 Seite 016

(21) Ruinöse Rabattschlacht

aus Frankfurter Rundschau vom 30.04.2013, S. 12

(22) Krankenhausstatistik
aus Frankfurter Rundschau vom 30.04.2013, S. 12

(23) Klinikmarkt - Mit Kooperation und Markenbildung aus der Misere
aus GENIOS BranchenWissen Nr. 03 vom 22.03.2013

(24) Klinikmarkt vor dem nächsten Übernahmekrimi
aus Frankfurter Allgemeine Zeitung, 15.03.2013, Nr. 63, S. 15

(25) Krankenhausbetreiber bei Kartellamt vorstellig
aus Frankfurter Rundschau vom 17.04.2013, S. 16

(26) Rhön-Klinikum vor Umbau
aus Frankfurter Allgemeine Zeitung, 26.04.2013, Nr. 97, S. 16

(27) Aktuelle trends im weltweiten Arzneimittelmarkt
aus - CHEManager vom 18.04.2013/2013, Seite 20

(28) Pharma international - Die Eroberung der Schwellenländer
aus GENIOS BranchenWissen Nr. 04 vom 24.04.2013

(29) Arzneimittelmarkt international
aus GENIOS BranchenWissen Nr. 04 vom 24.04.2013

Impressum

Branchenreport MEDIZIN & PHARMA Ausgabe 1/2013

Bibliografische Information der deutschen Nationalbibliothek

Die Deutsche Nationalbibliothek verzeichnet diese Publikation in der deutschen Nationalbibliografie; detaillierte bibliografische Daten sind im Internet über http://dnb.d-nb.de abrufbar.

ISBN: 978-3-7379-1917-3

© 2015 GBI-Genios Deutsche Wirtschaftsdatenbank GmbH, Freischützstraße 96, 81927 München, www.genios.de

Alle Rechte vorbehalten. Dieses Werk ist einschließlich aller seiner Teile – z.B. Texte, Tabellen und Grafiken - urheberrechtlich geschützt. Jede Verwertung außerhalb der Grenzen des Urheberrechtsgesetzes bedarf der vorherigen Zustimmung des Verlags. Dies gilt insbesondere auch für auszugsweise Nachdrucke, fotomechanische Vervielfältigungen (Fotokopie/Mikroskopie), Übersetzungen, Auswertungen durch Datenbanken oder ähnliche Einrichtungen und die Einspeicherung und Verarbeitung in elektronischen Systemen.